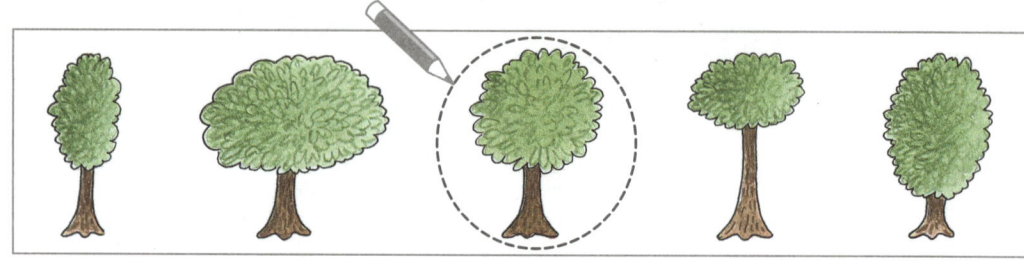

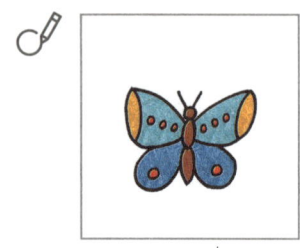

Visuelle Diskrimination: das gleiche Bild finden und einkreisen

Das gleiche Bild

Visuelle Diskrimination: das gleiche Bild finden und einkreisen

Schattenbilder

Visuelle Diskrimination: Schattenbilder erkennen und dem Originalbild zuordnen

Visuelle Diskrimination: Original und Fehlerbilder vergleichen, das fehlende Detail jeweils einzeichnen

Visuelle Diskrimination: Original und Fehlerbilder vergleichen, das fehlende Detail jeweils einzeichnen

Was passt nicht?

Was passt nicht?

Oberbegriffe finden: das Bild, das nicht in die Reihe passt, durchstreichen

Figur-Grund-Wahrnehmung: alle Bilder abhaken, die oben versteckt sind

Figur-Grund-Wahrnehmung: alle Bilder abhaken, die oben versteckt sind

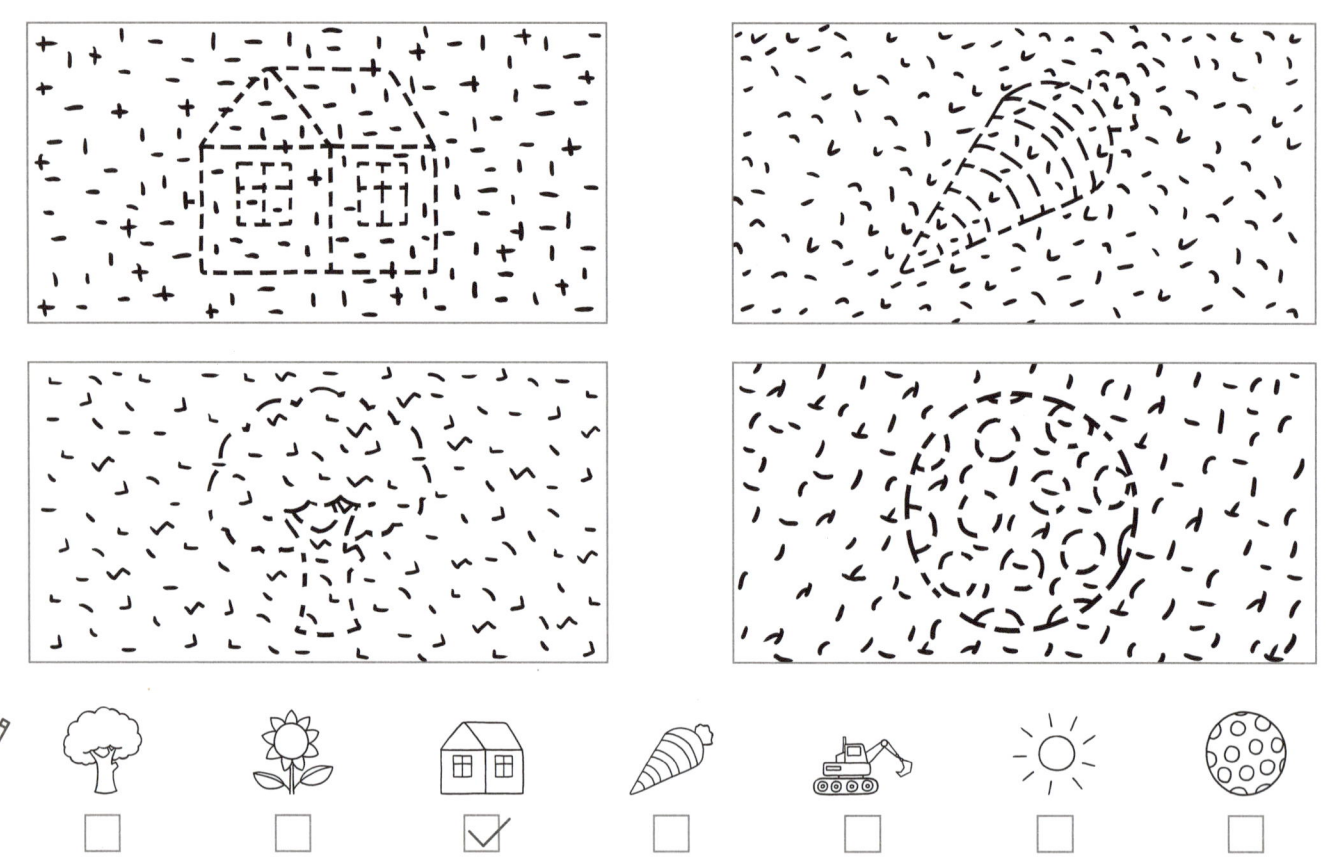

Figur-Grund-Wahrnehmung: unten die vier Bilder abhaken, die oben zu sehen sind

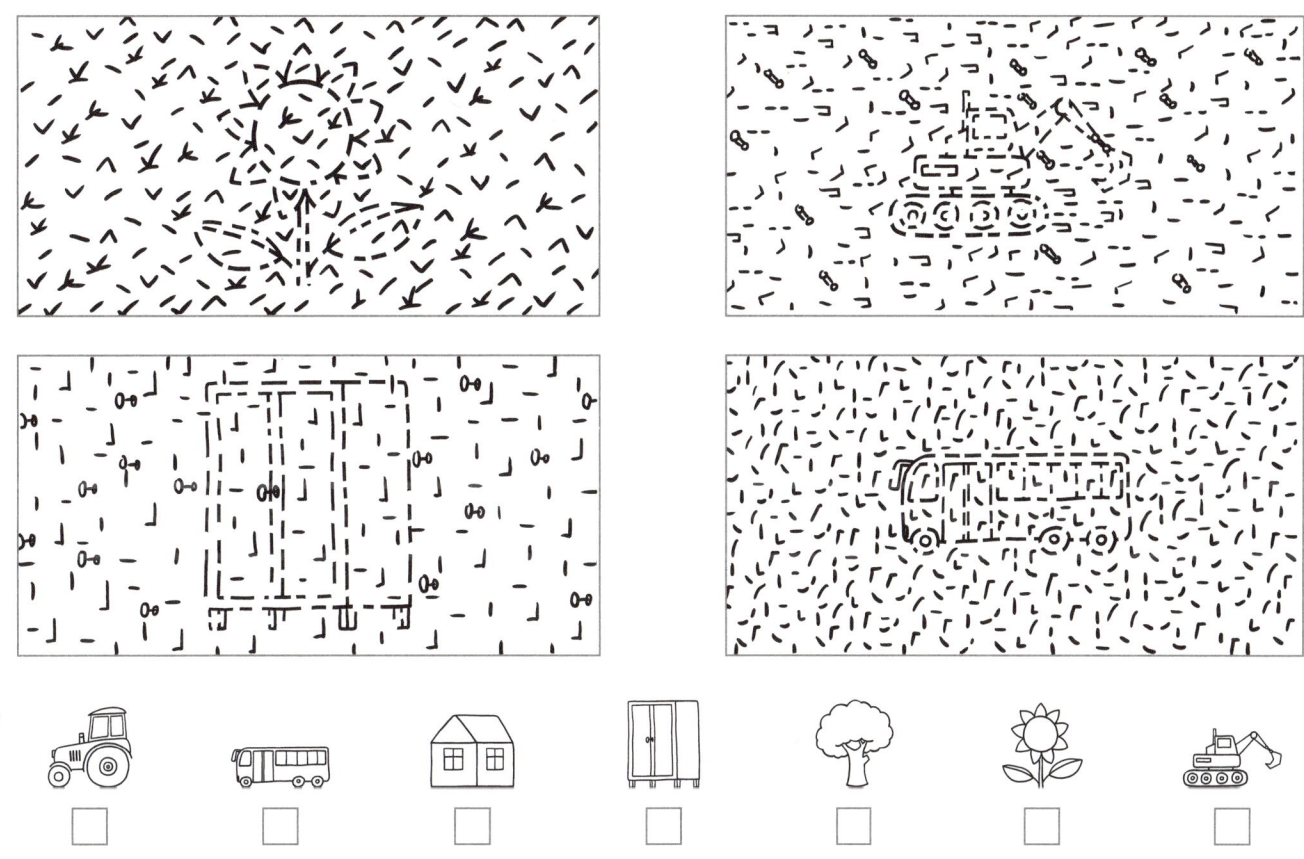

Figur-Grund-Wahrnehmung: unten die vier Bilder abhaken, die oben zu sehen sind

Wege finden

Visuomotorische Koordination: Wege finden und nachspuren

Visuomotorische Koordination: Wege im Labyrinth einzeichnen

Visuomotorische Koordination: Wege im Labyrinth einzeichnen

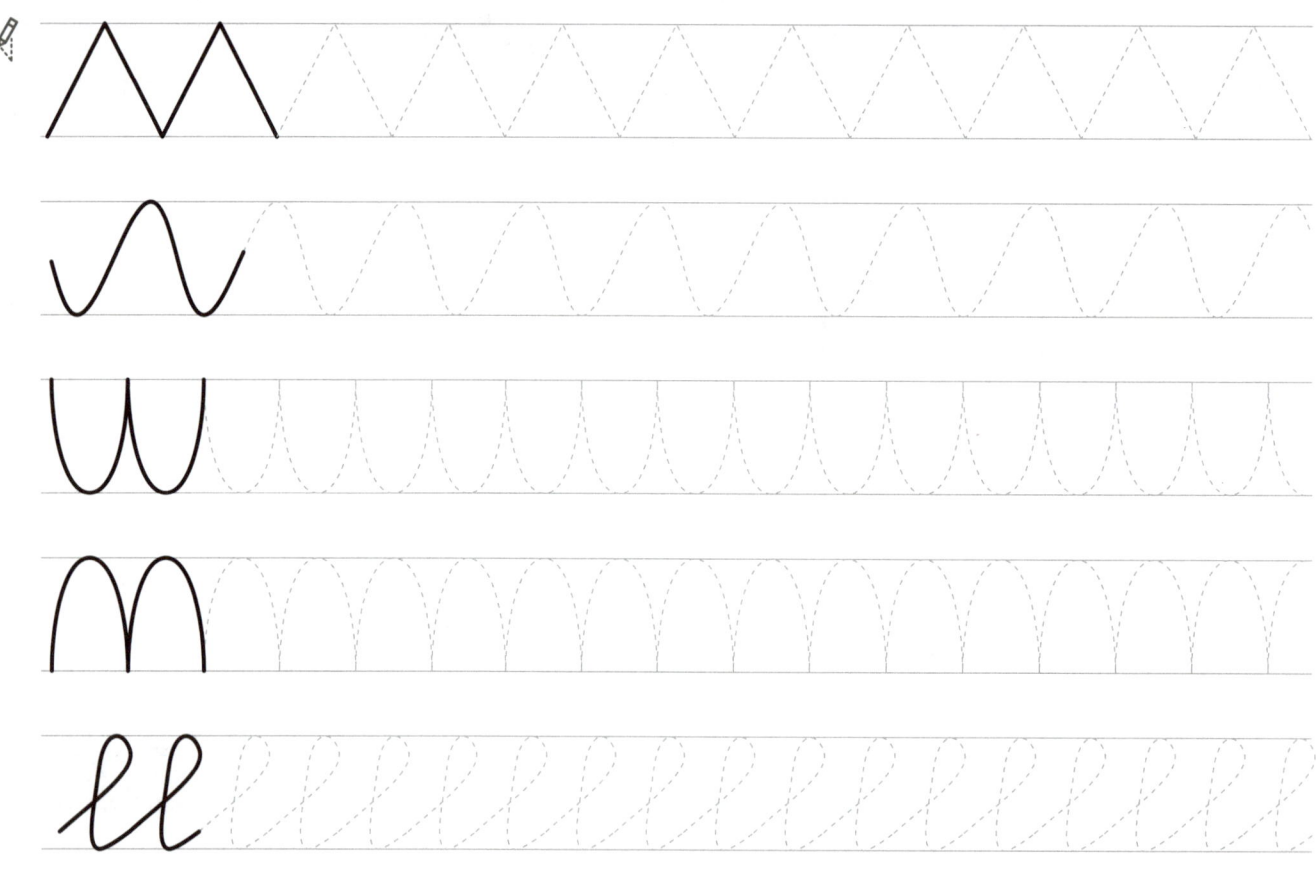

Gleiche Lage

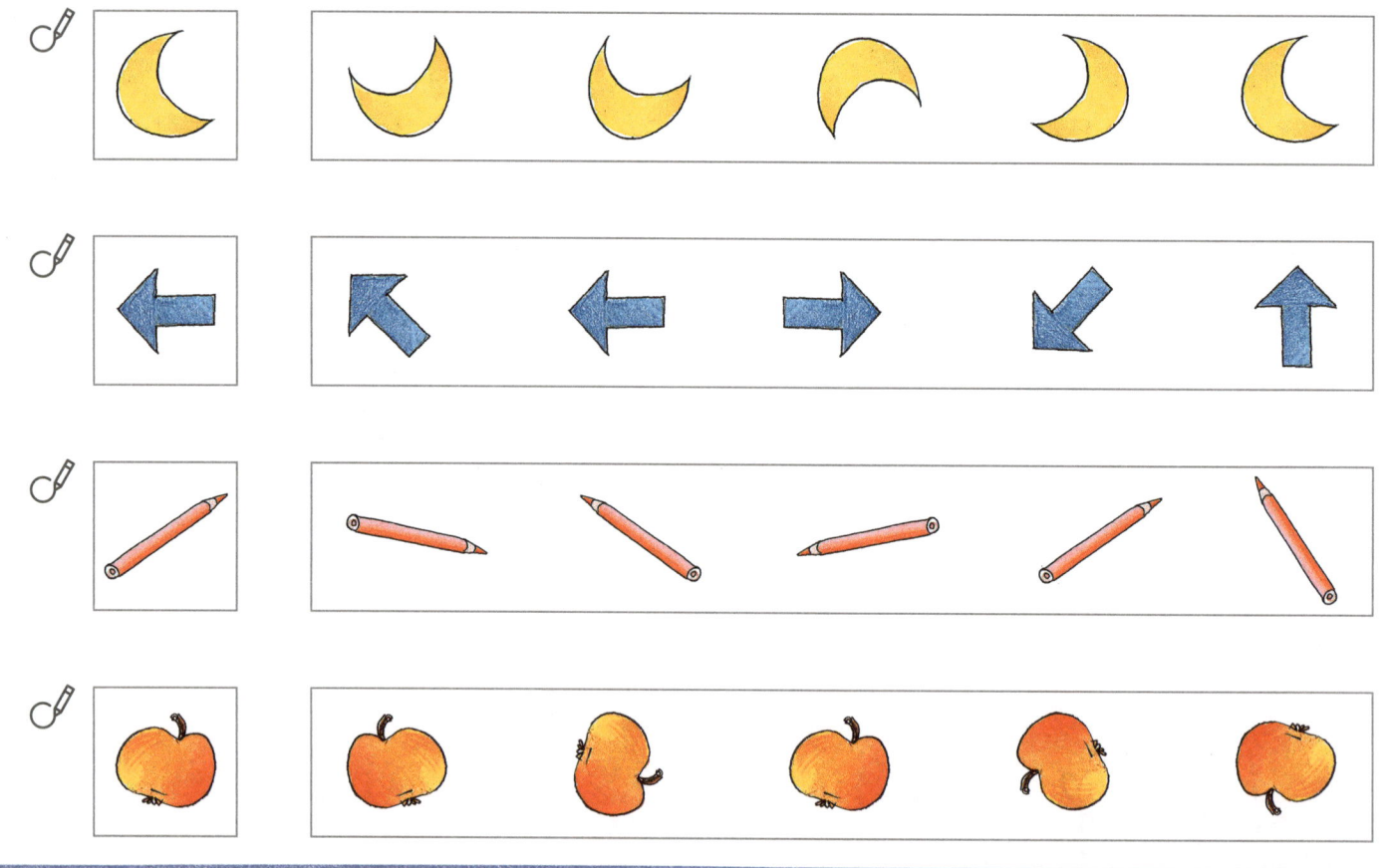

Raum-Lage-Beziehung: das identische Bild (gleiche Lage) einkreisen

Gleiche Lage

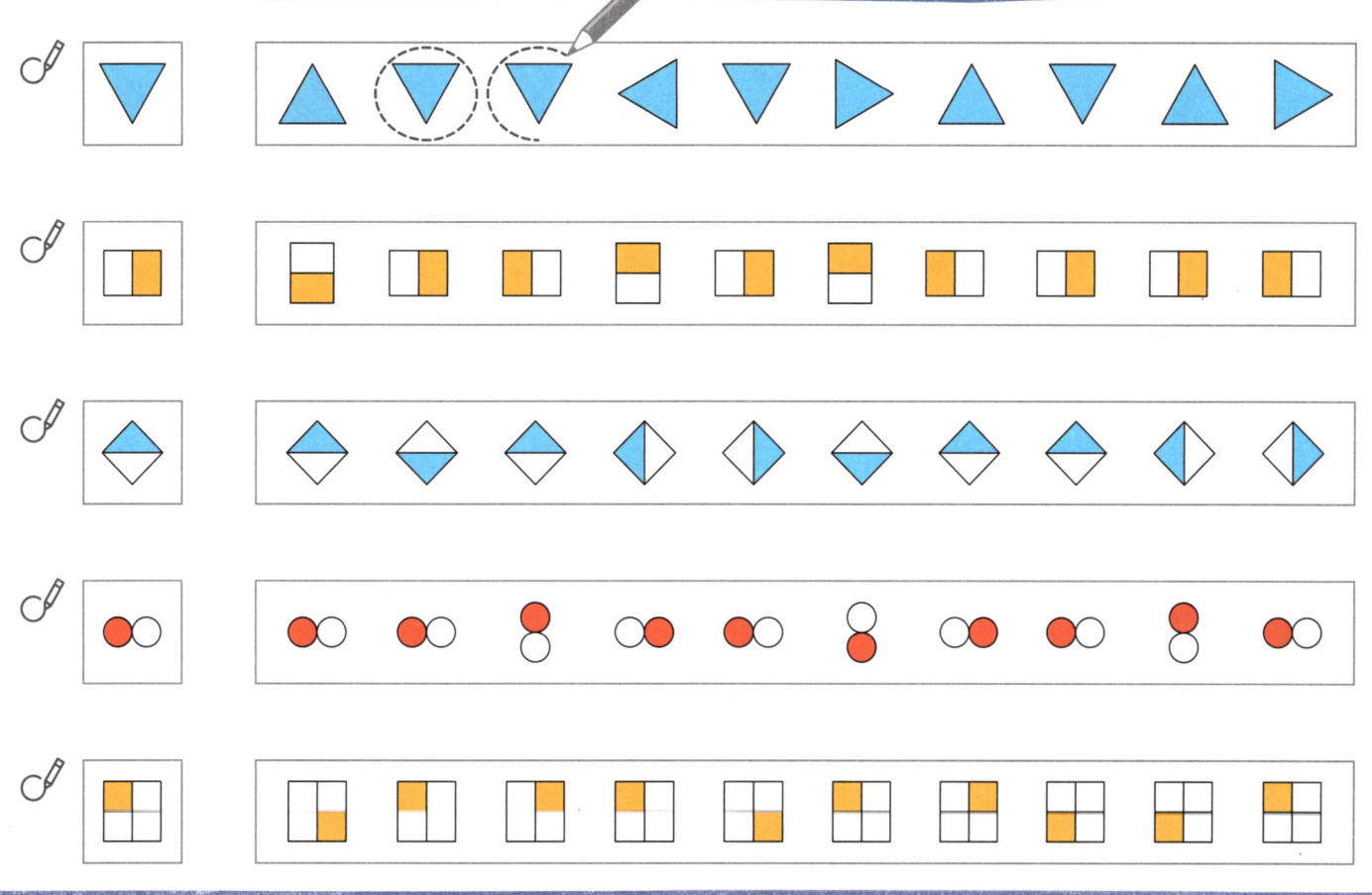

Raum-Lage-Beziehung: alle identischen Bilder (gleiche Lage) einkreisen

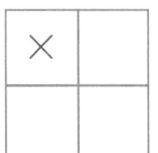 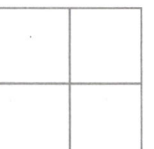  

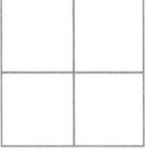 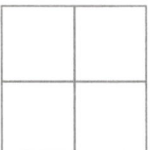 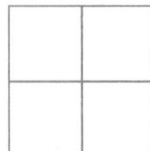 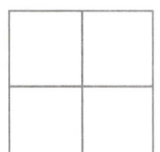

Raum-Lage-Beziehung: die Position der Gegenstände im Regal erkennen und im Gitternetz ankreuzen

Spielzeug im Regal

Raum-Lage-Beziehung: die Position der Gegenstände im Regal erkennen und im Gitternetz ankreuzen

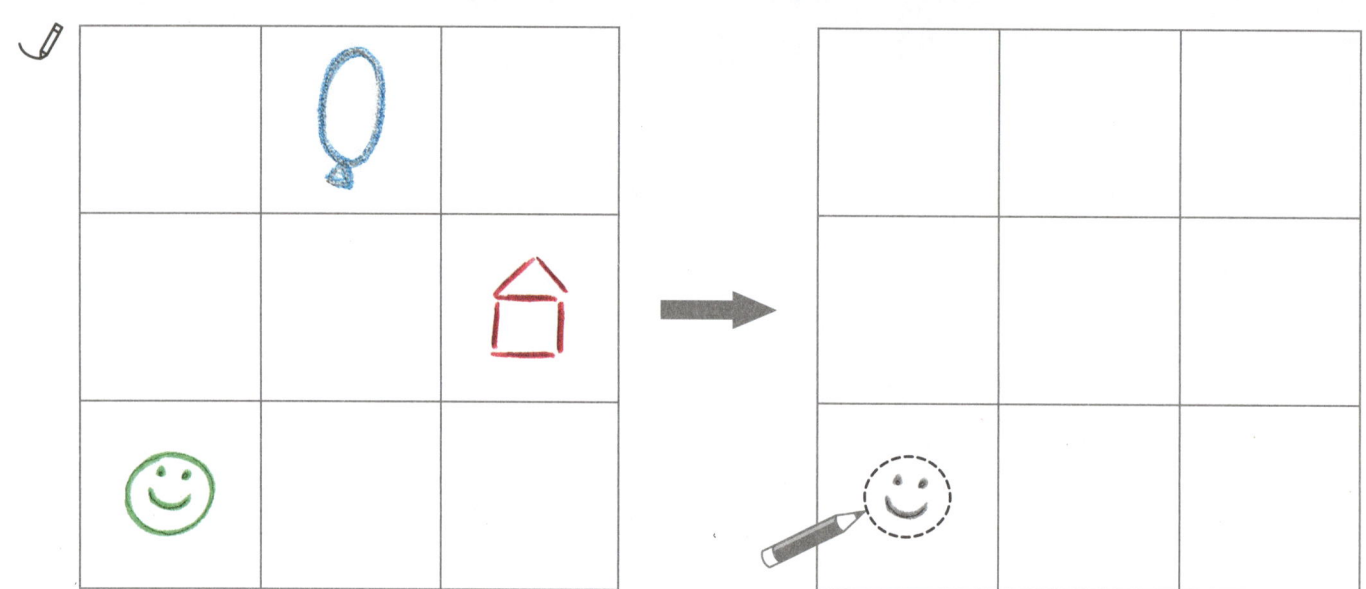

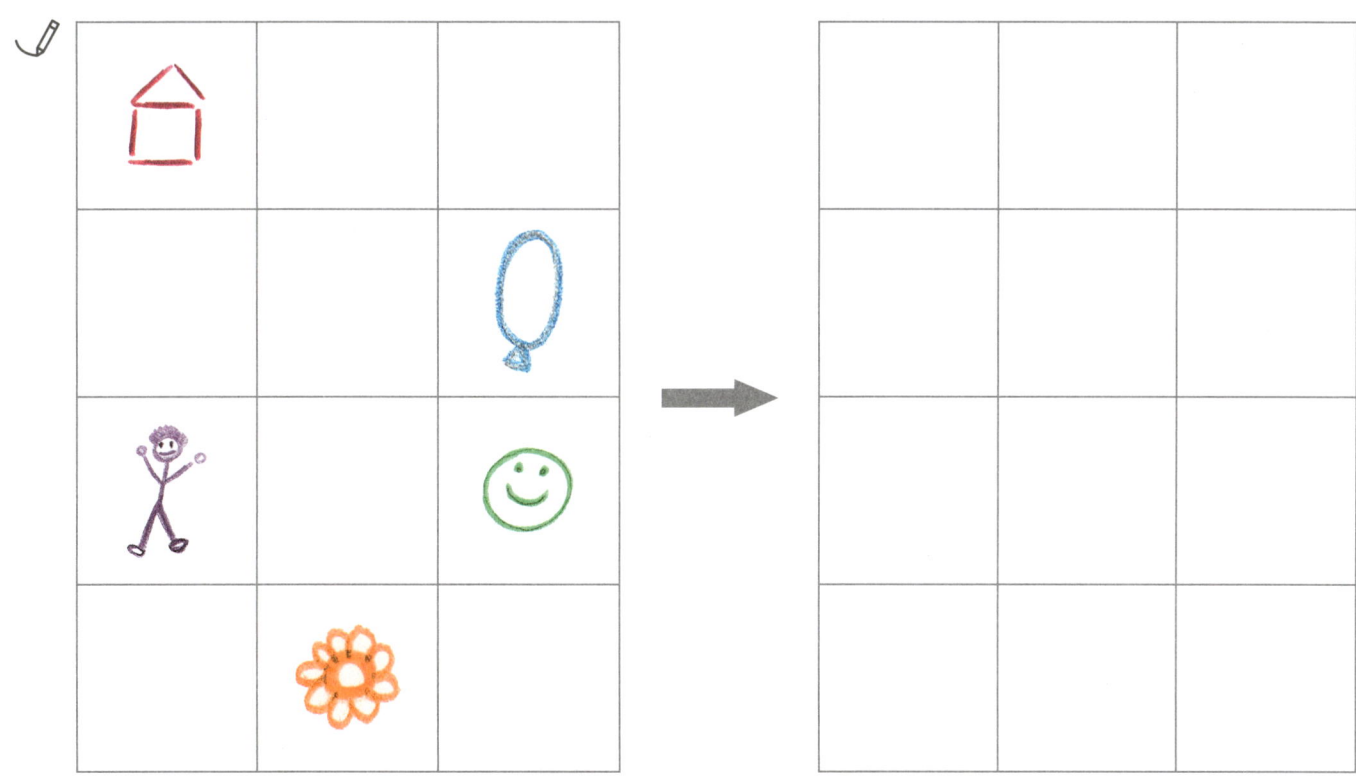

Raum-Lage-Beziehung: Bilder an die richtige Stelle im Gitternetz übertragen

Figuren im Punktefeld

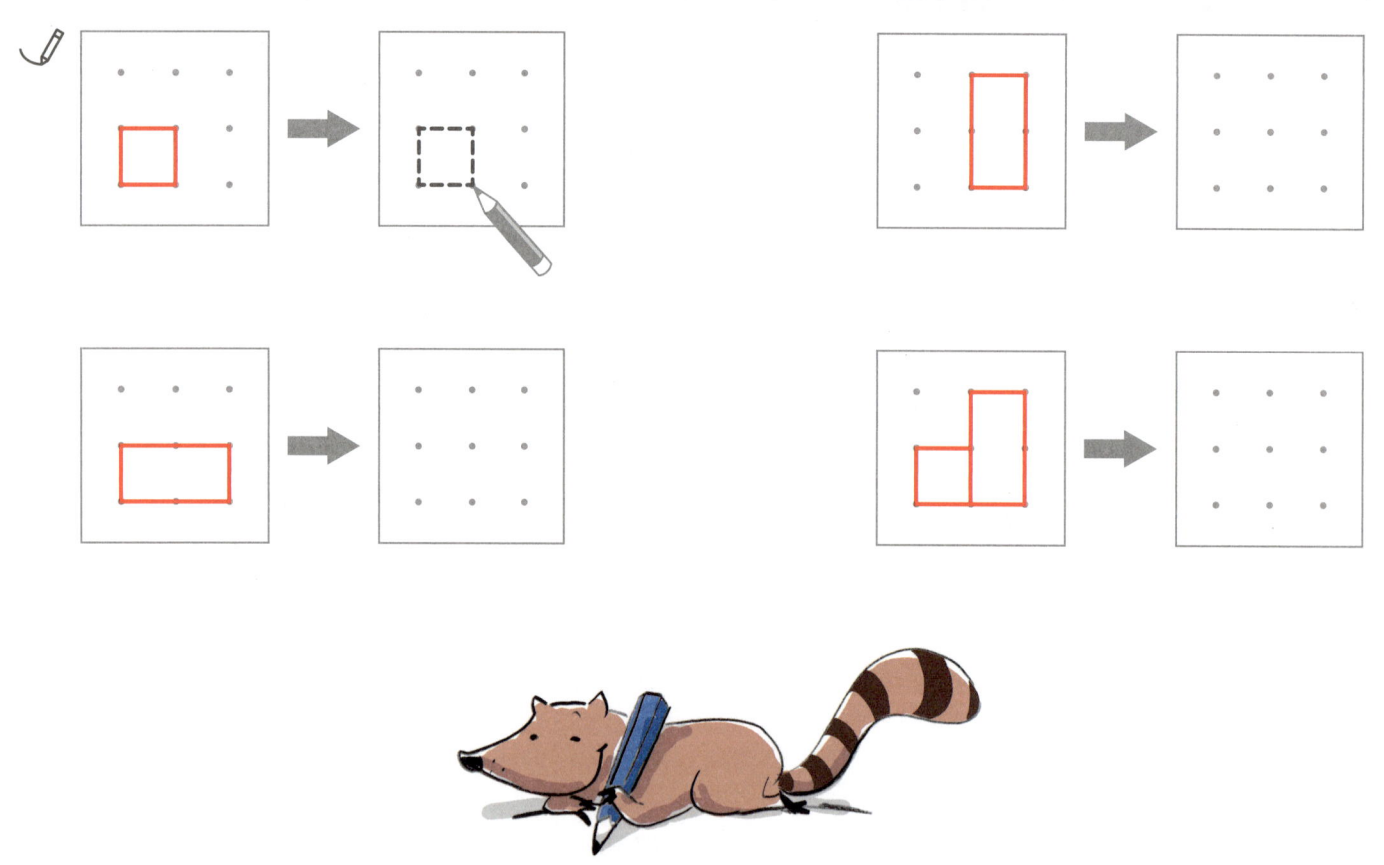

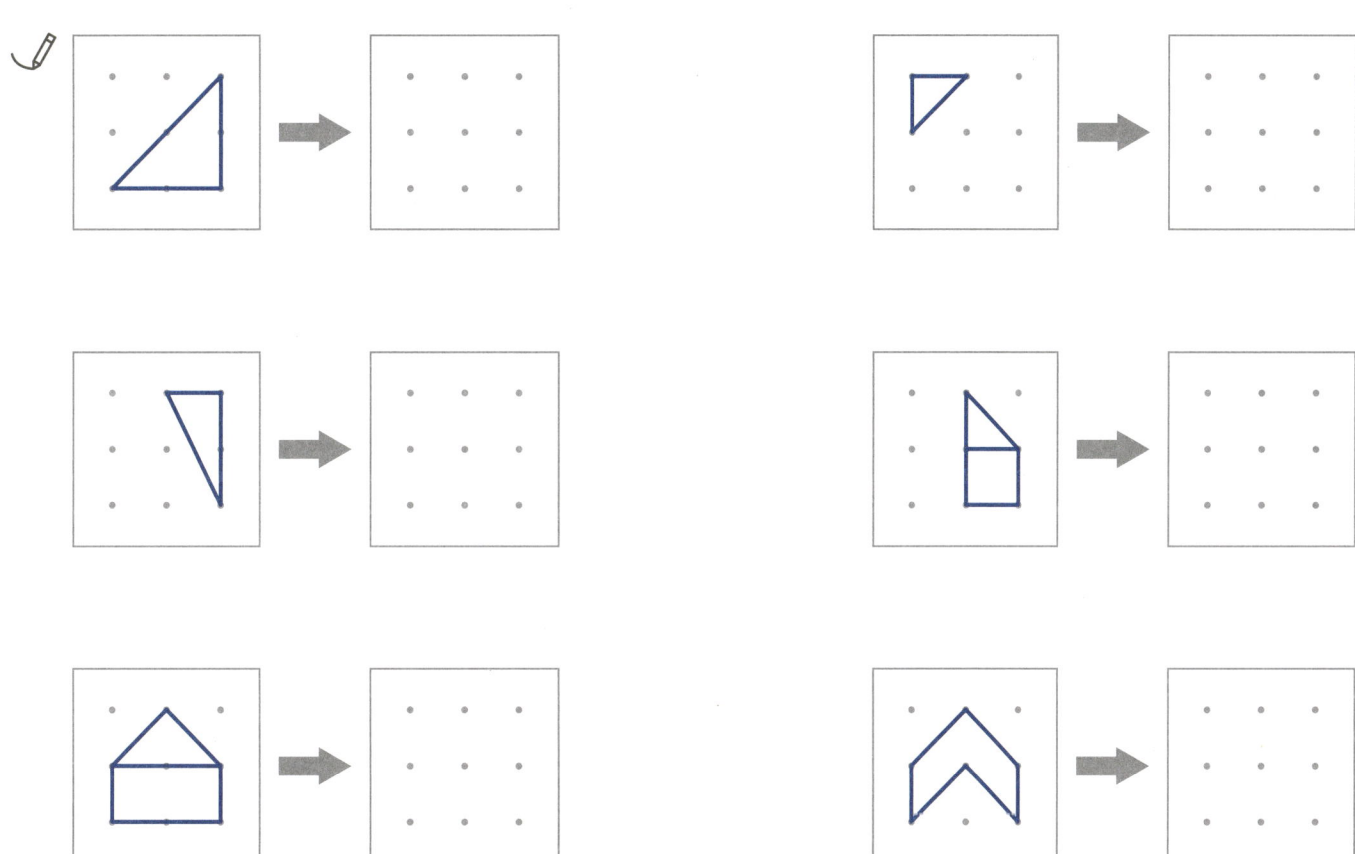

Raum-Lage-Beziehung: Formen an die richtige Stelle im Punktefeld übertragen

Muster und Formen: Kreise bzw. Dreiecke erkennen und färben

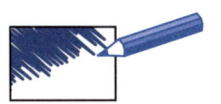

Muster und Formen: Dreiecke bzw. Rechtecke erkennen und färben

Flächenformen

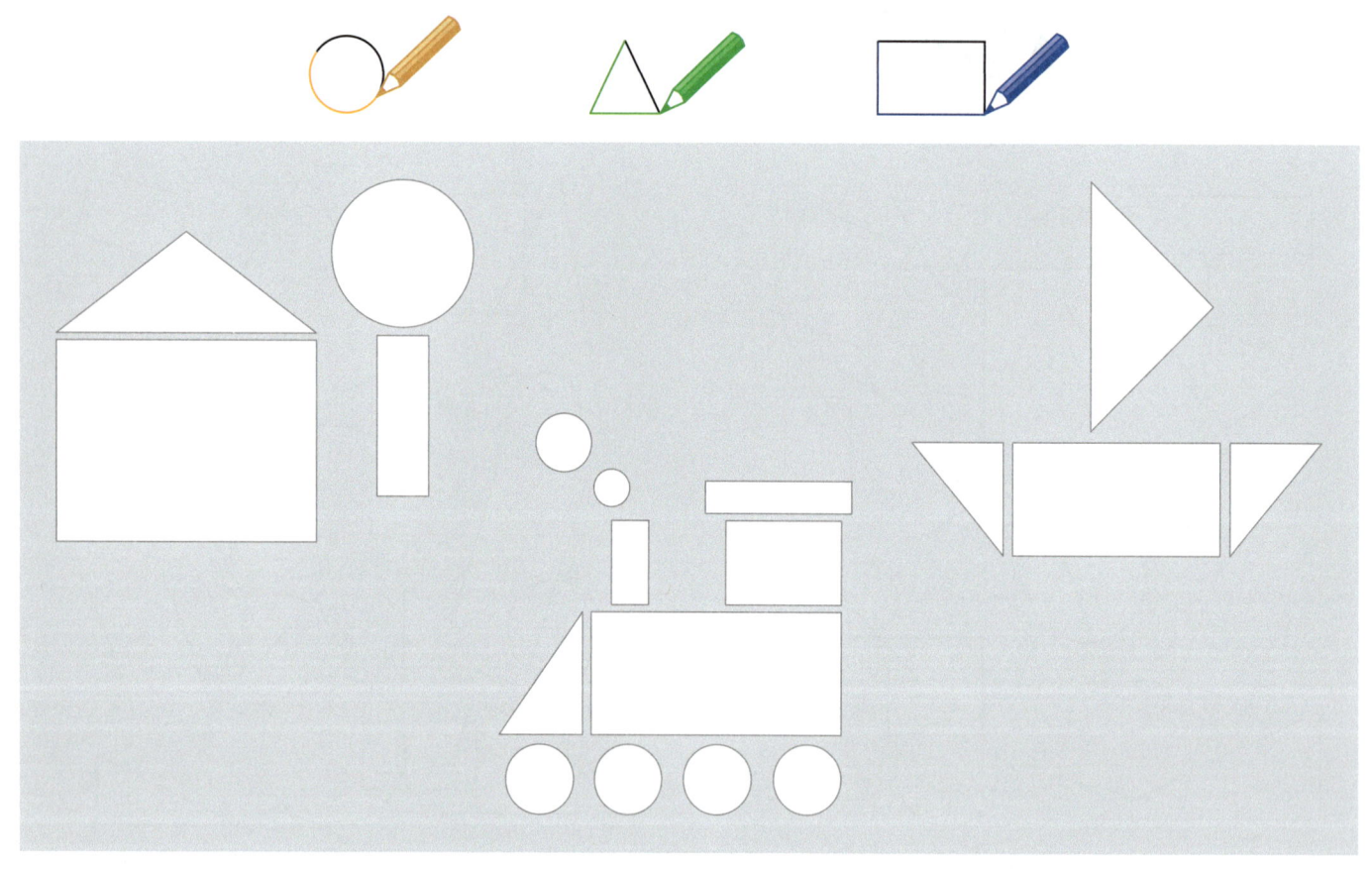

Muster und Formen: Kreise, Dreiecke und Rechtecke erkennen und den Umriss passend färben

Muster und Formen: Kreise, Dreiecke, Quadrate und Rechtecke erkennen und den Umriss passend färben

Muster fortsetzen

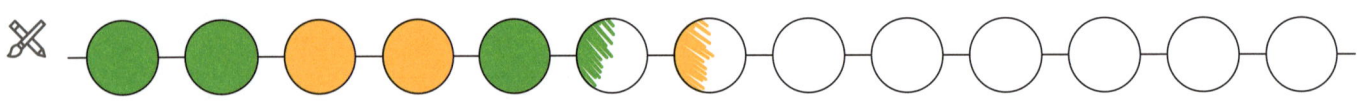

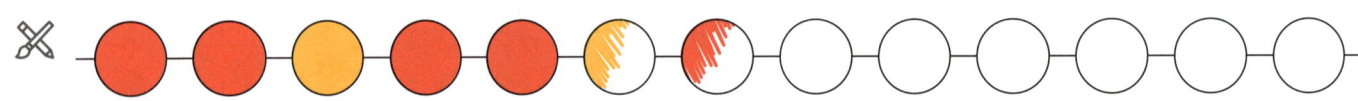

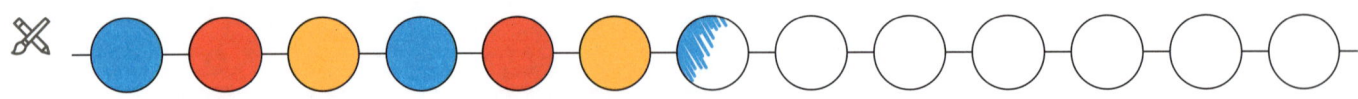

Muster und Formen: Muster erkennen und fortsetzen

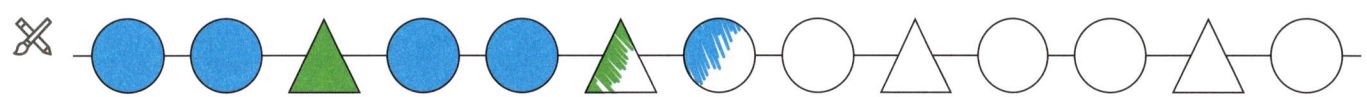

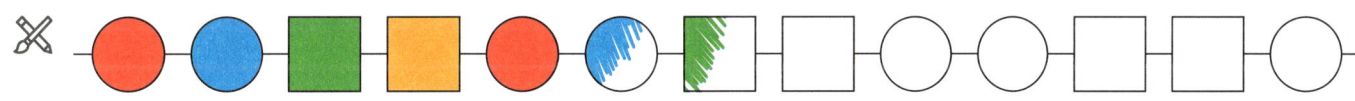

Muster und Formen: Muster erkennen und fortsetzen

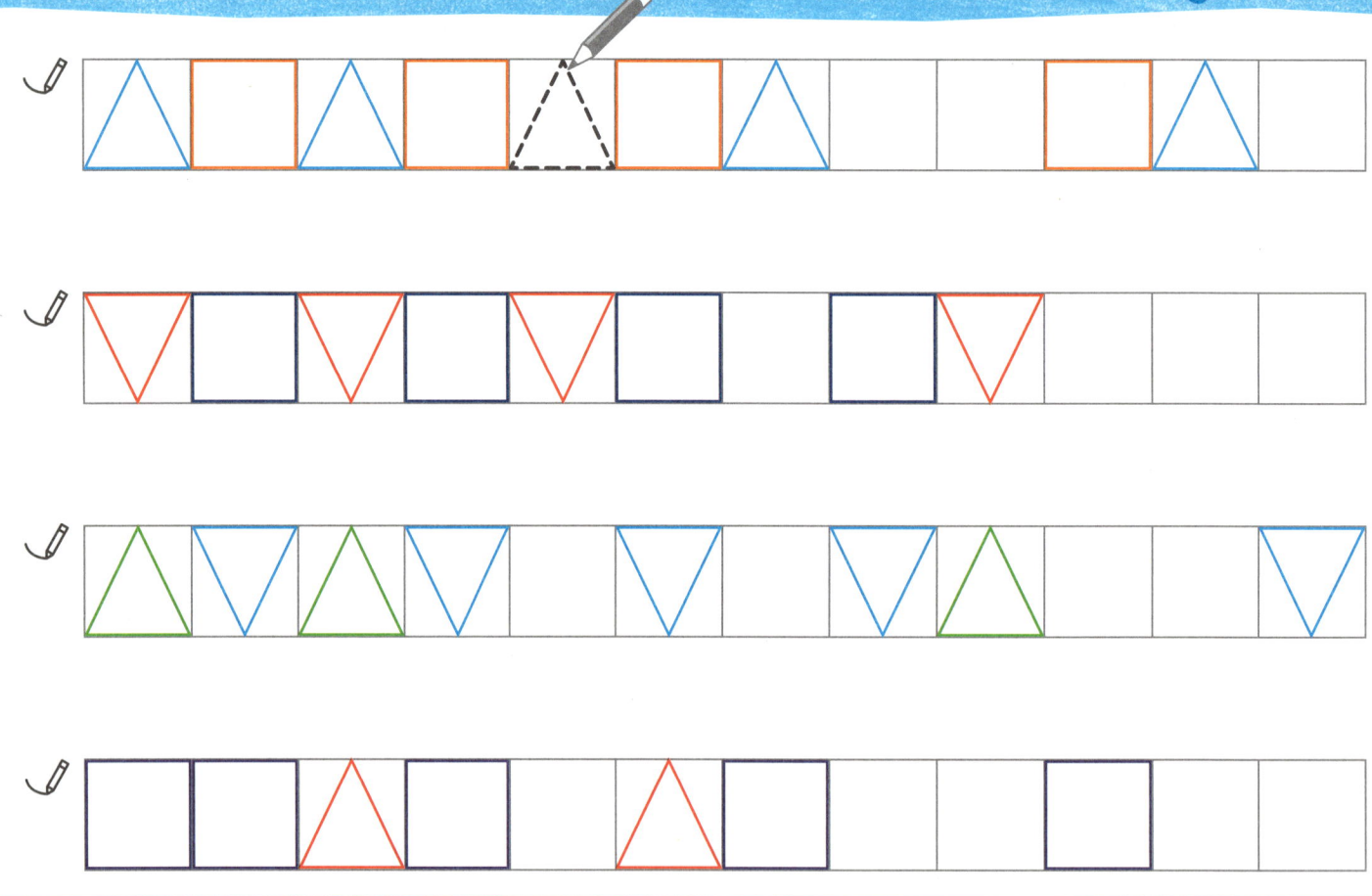

Muster und Formen: Muster erkennen und Fehlendes ergänzen

Muster und Formen: Ausschnitte des Musters erkennen und Fehlendes ergänzen

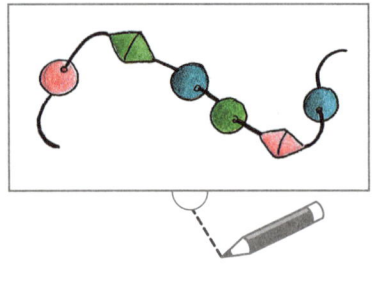

Muster und Formen: gleiche Formen und Anzahlen erkennen und jede Kette mit einer passenden Tüte verbinden

Muster und Formen: gleiche Formen und Anzahlen erkennen und jede Kette mit der passenden Tüte verbinden

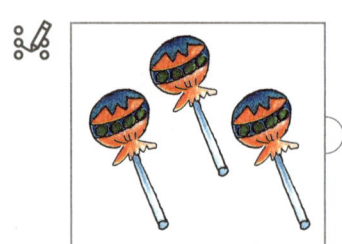

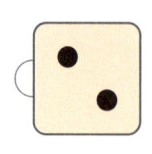

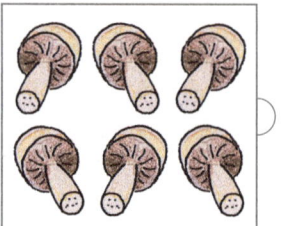

Mengen und Zahlen: gleiche Anzahlen verbinden

Gleich viele

Gleich viele

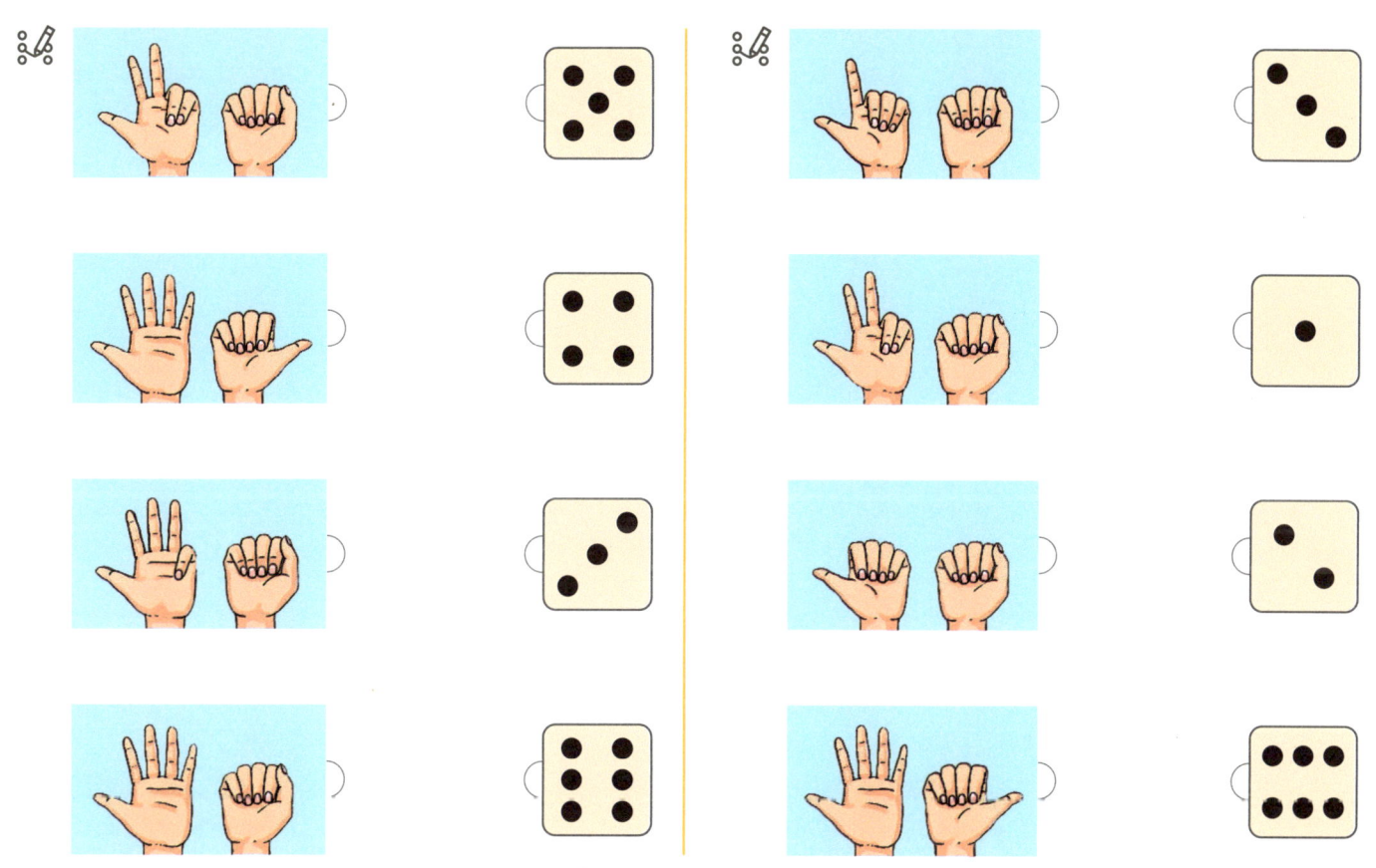

Mengen und Zahlen: gleiche Anzahlen verbinden

Mengen erfassen

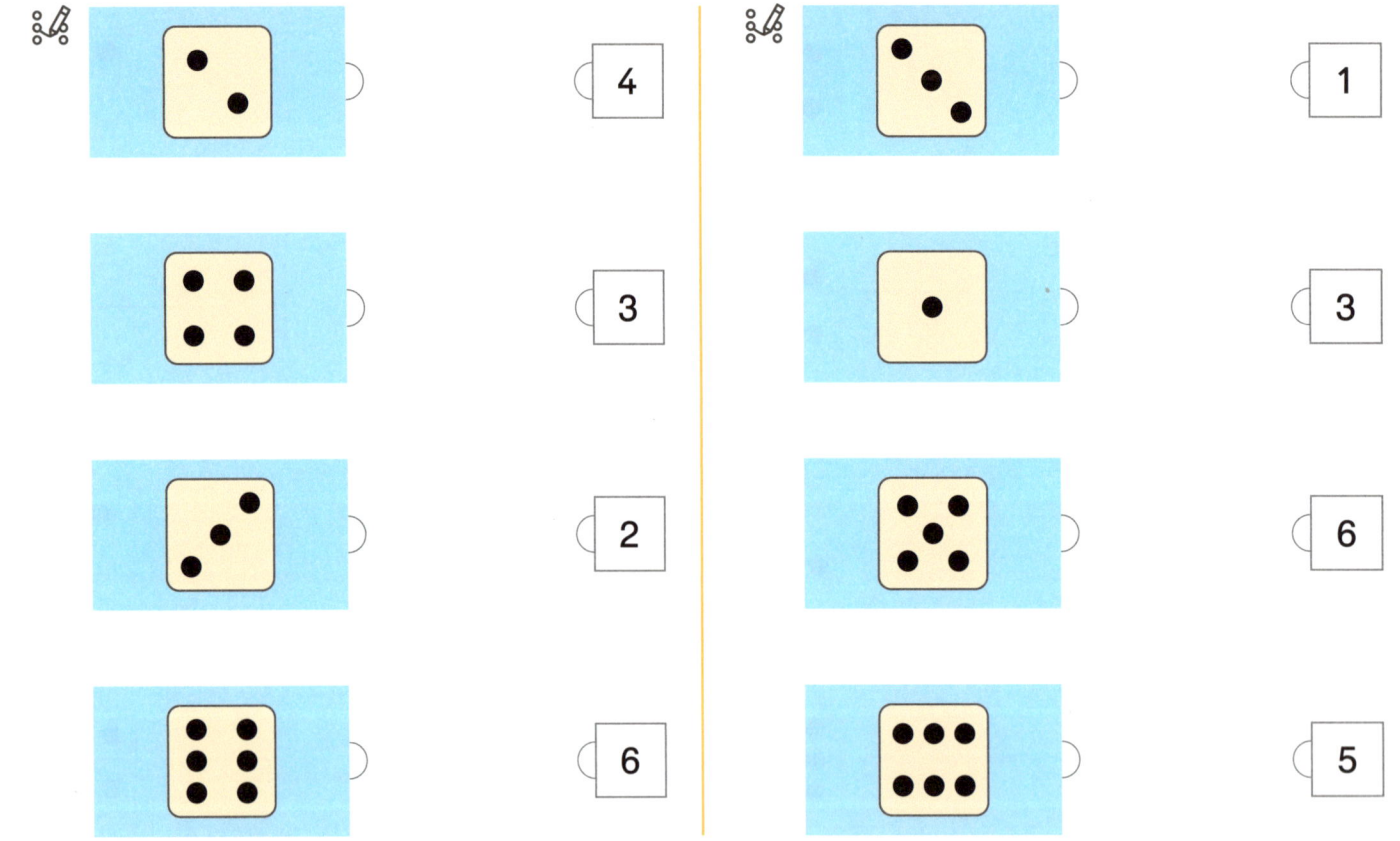

Mengen und Zahlen: Augenzahl ablesen und die richtige Zahl zuordnen

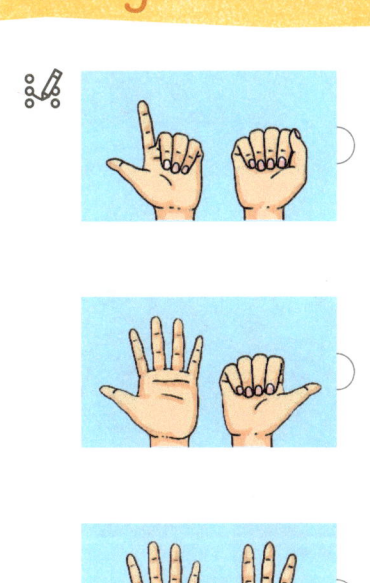

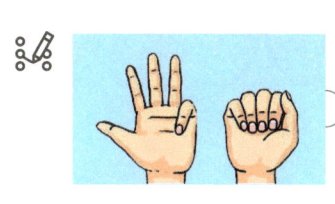

6

4

2

10

5

8

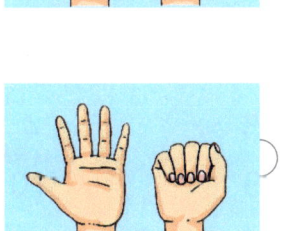

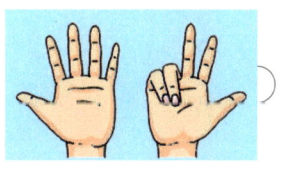

9

7

Mengen und Zahlen: Fingerbild ablesen und die richtige Zahl zuordnen

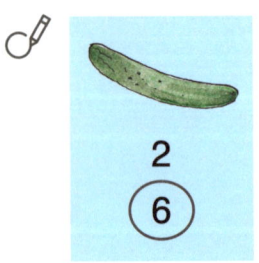
2
(6)

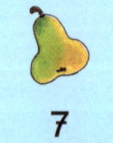
7
10

5
8

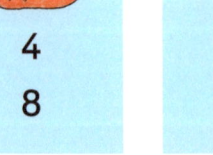
4
8

5
9

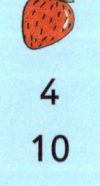
4
10

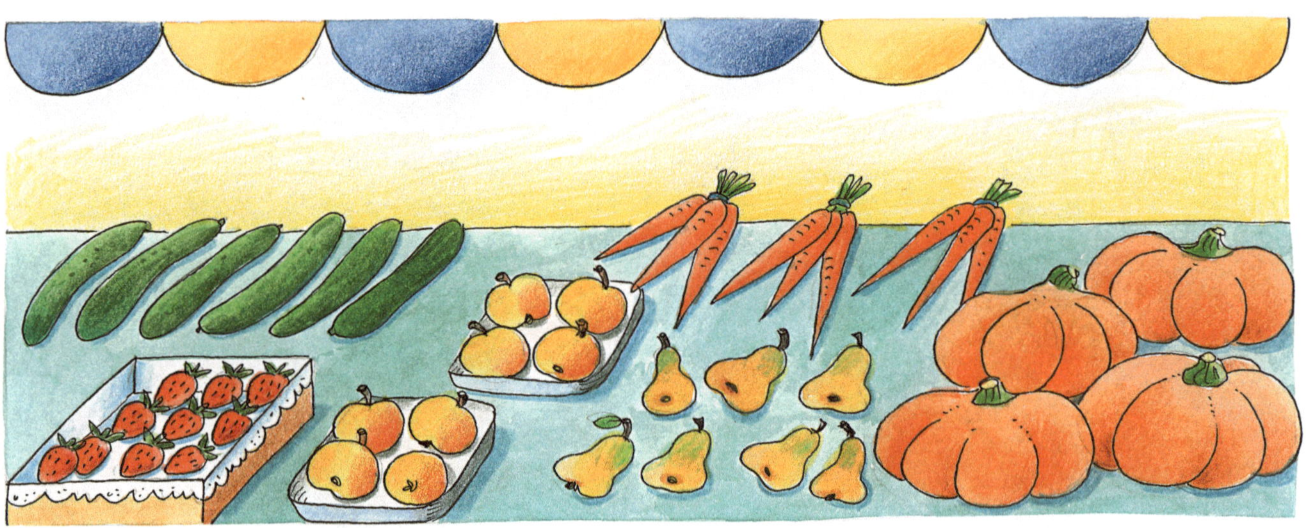

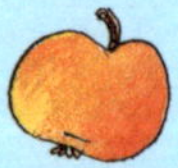

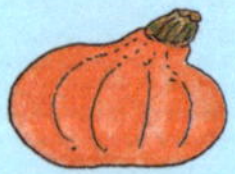

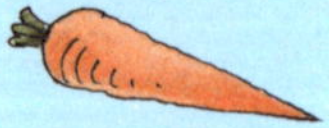

Mengen und Zahlen: Anzahlen bestimmen und die richtige Zahl einkreisen

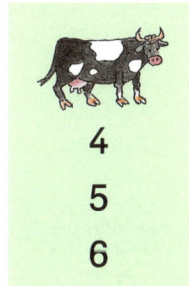

Mengen erfassen

4	6	7	5	8
5	7	8	6	9
6	8	9	7	10

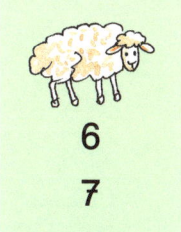

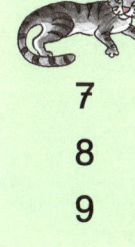

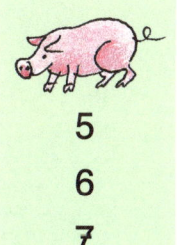

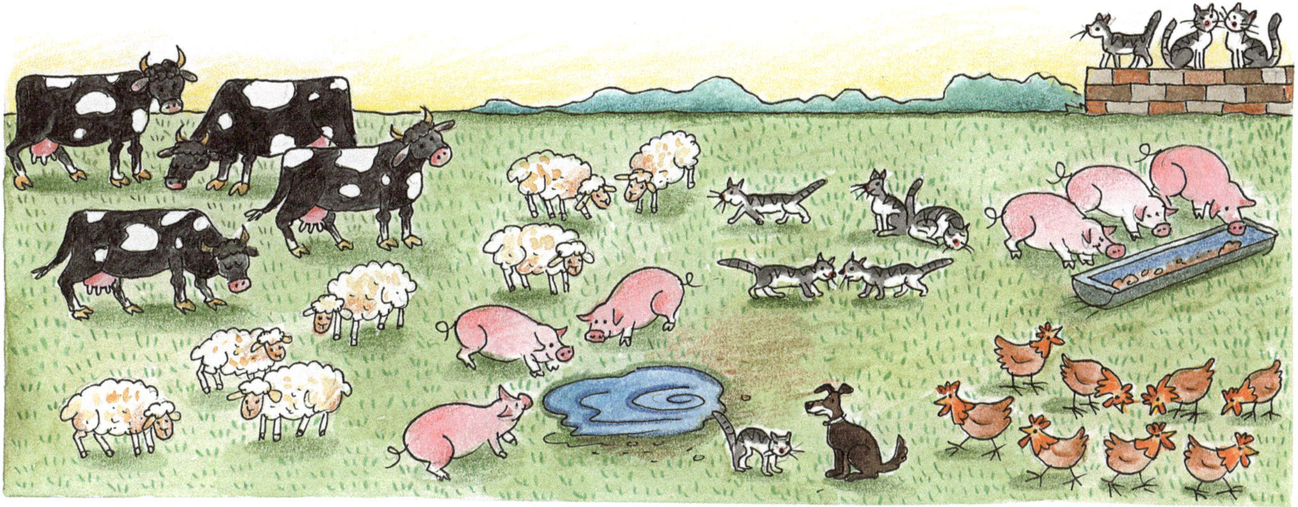

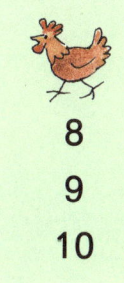

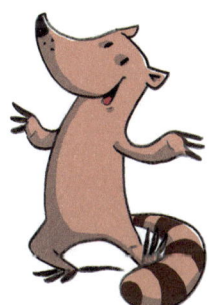

Mengen und Zahlen: Anzahlen bestimmen und die richtige Zahl einkreisen

Mengen zeichnen

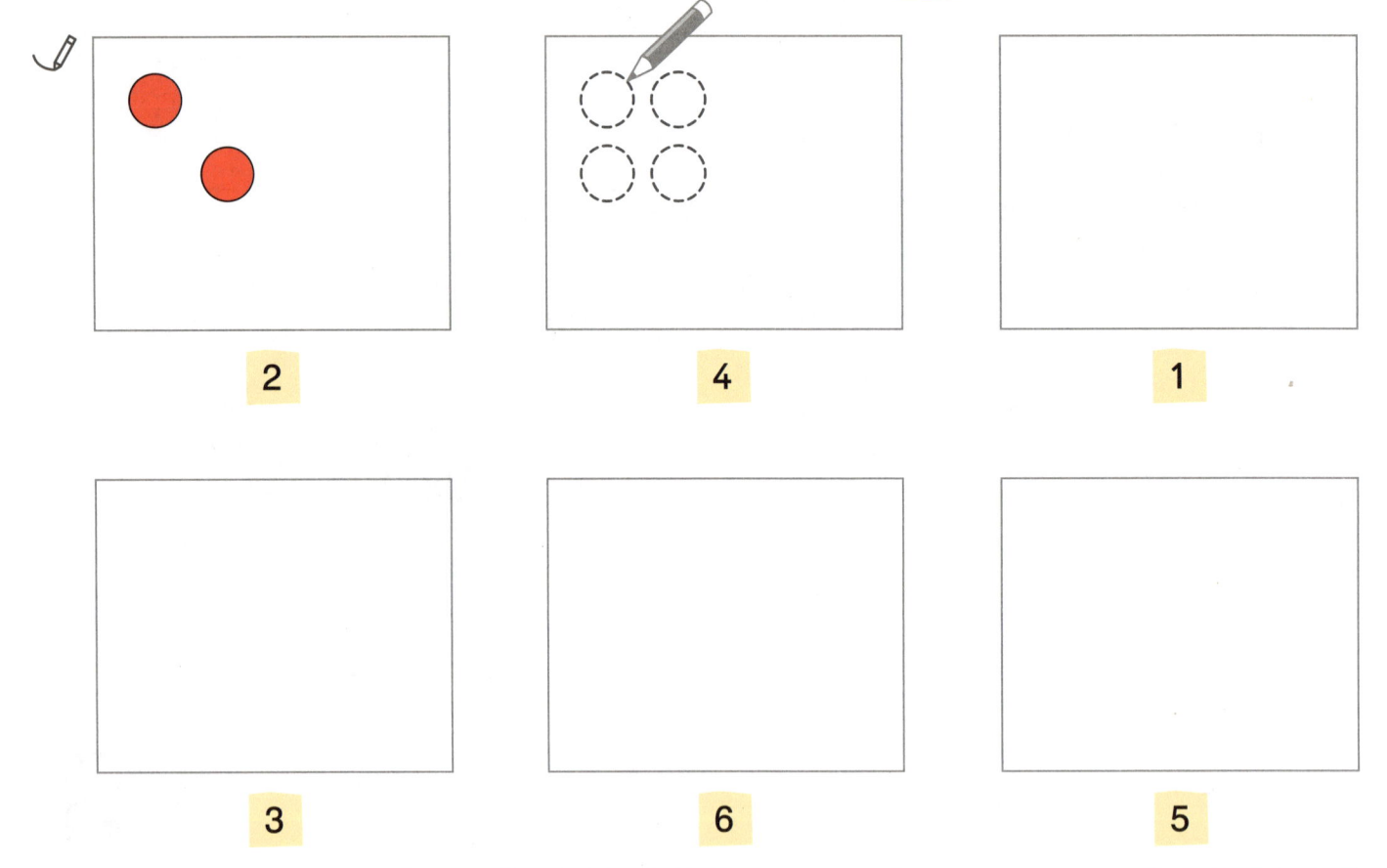

2

4

1

3

6

5

Mengen und Zahlen: zu einer vorgegebenen Anzahl die passende Menge zeichnen

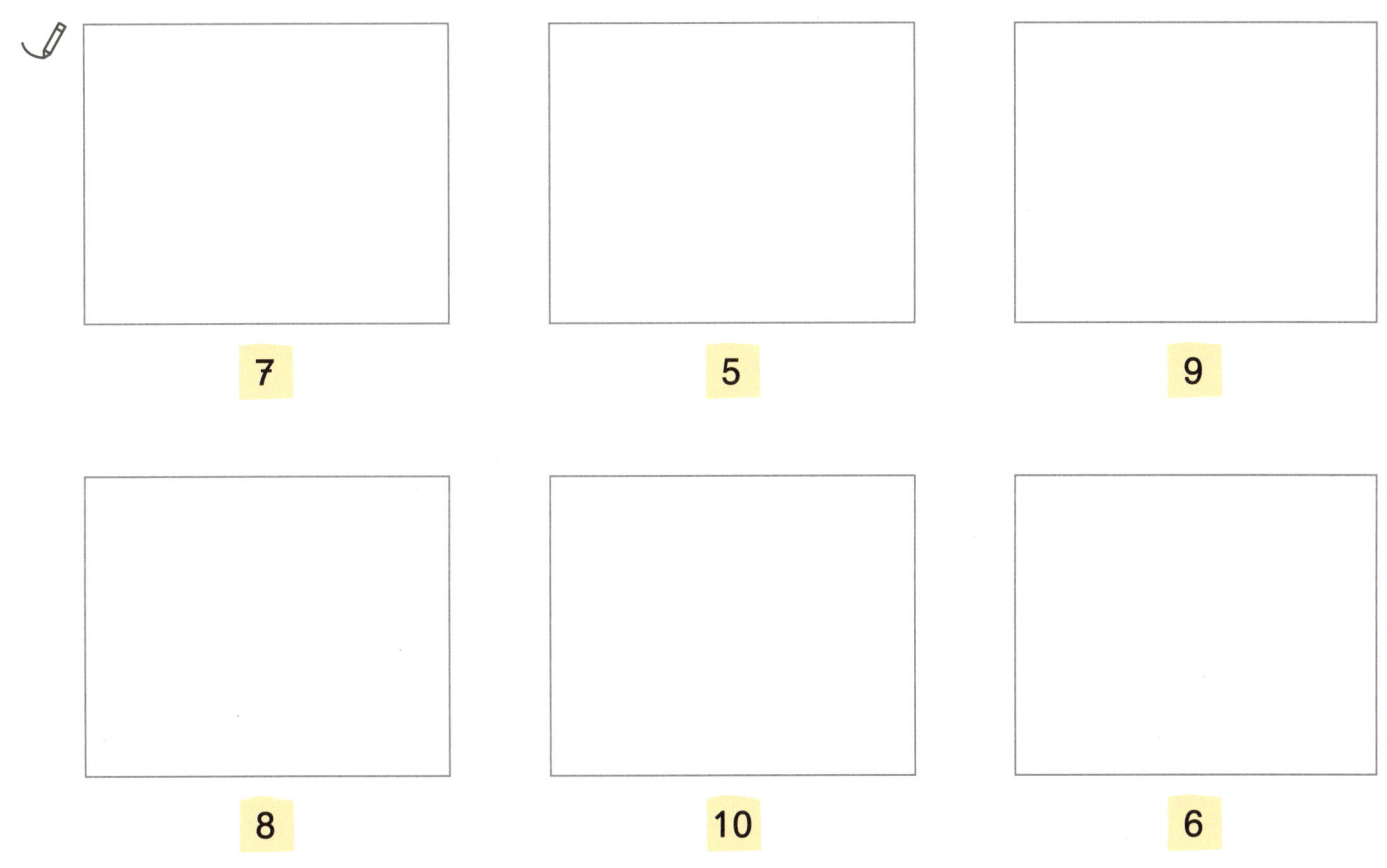

7

5

9

8

10

6

Mengen und Zahlen: zu einer vorgegebenen Anzahl die passende Menge zeichnen

Gleich viele?

Mengen und Zahlen: jedem Hund einen Knochen zuordnen und erkennen, ob es gleich viele Hunde und Knochen sind

Mengen und Zahlen: jeder Jacke einen Haken zuordnen und erkennen, ob es gleich viele Jacken und Haken sind